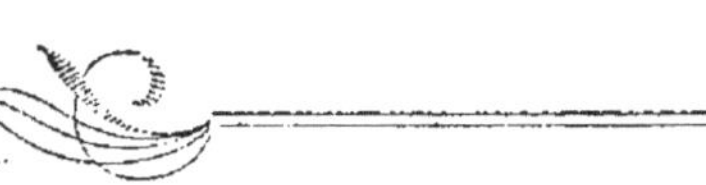

L'AMOUREUSE
DE CORINTHE

OU

LE CRISTAL MAGIQUE,

Idylle dramatique en un acte et en vers,

PAR

Philippe d'Arbaud.

1852-1853.

Flectere si nequeo Superos, Acheronta movebo.
VIRG., *Eneid.*, VII.

MARSEILLE,

TYPOGRAPHIE VEUVE MARIUS OLIVE,
Rue Mazade, 28.

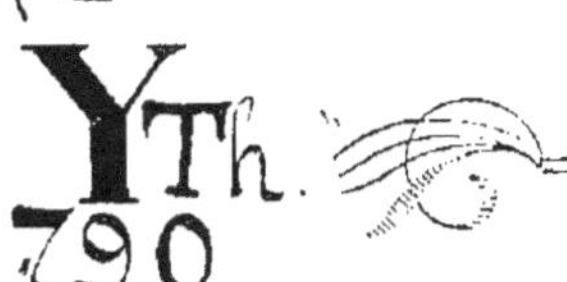

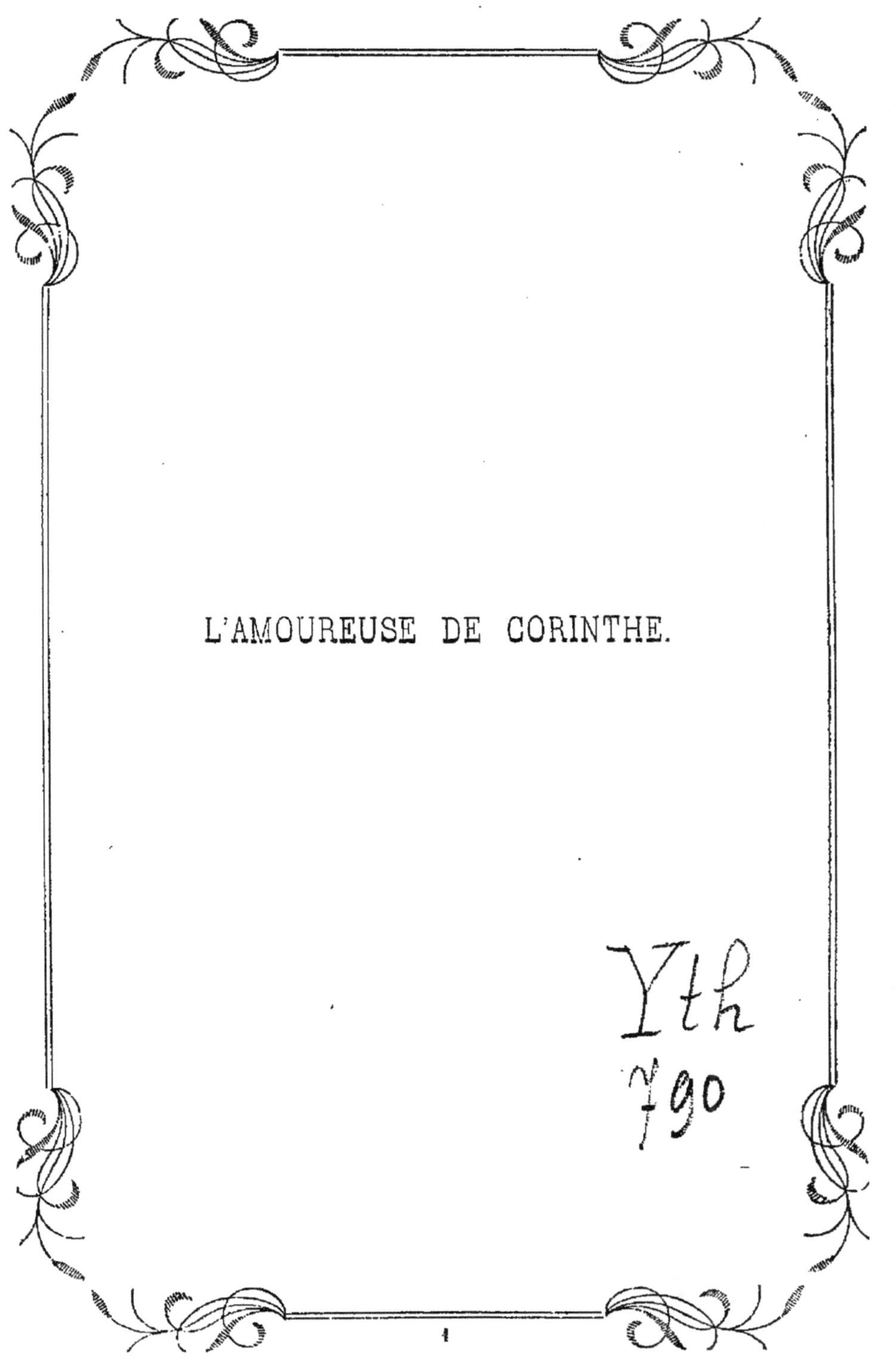

L'AMOUREUSE DE CORINTHE.

L'AMOUREUSE

DE CORINTHE

OU

LE CRISTAL MAGIQUE,

Idylle dramatique en un acte et en vers,

PAR

Philippe d'Arbaud.

1852-1853.

Flectere si nequeo Superos, Acheronta movebo.
VIRG., *Eneid.*, VII.

MARSEILLE,
TYPOGRAPHIE VEUVE MARIUS OLIVE,
Rue Mazade, 28.

PERSONNAGES.

GLAUCIS, jeune fille de la campagne de Corinthe, du sang de
Cléomène, roi de Sparte.

IPHICLUS, jeune citoyen de Corinthe.

MYCALE, magicienne.

CLÉARISTE, joueuse de flûte aux solennités publiques, amie de Glaucis.

THESTYLIS, servante de Mycale.

La scène est près du rivage de Corinthe.

L'AMOUREUSE DE CORINTHE.

Le théâtre représente un site inculte , voisin du rivage de la mer. Une grotte s'ouvre sur le haut de la scène, à la droite du spectateur. A sa gauche et sur le devant , sont épars quelques éclats de rocher.

SCÈNE PREMIÈRE.

(La rampe est baissée.)

GLAUCIS, tenant sous son bras un paquet formé de la toison d'uné brebis.

C'est assez avancer. Voici l'antre sauvage
Où vit , loin de Corinthe, aux confins du rivage ,
Mycale, de qui l'art , vaste et prodigieux ,
Soumet à ses secrets et la terre et les cieux.
Formidable à l'amour, elle connaît des charmes
Pour éteindre ses feux , pour arrêter ses larmes.
Mon père dit pourtant qu'on ne peut, sans danger,
Privé de son secours , de son antre approcher ;

Qu'elle vient, sans l'appel d'une voix téméraire.
La nuit règne ; j'arrive, apportant son salaire.
Je veux ici l'attendre. Un fatal souvenir
Remplira les moments qu'elle met à venir.

(Elle s'assied sur un éclat de rocher et pose la toison à terre.)

Douce paix ! en quel jour, hélas ! m'as-tu quittée ?
Dans ce gouffre de maux qui m'a précipitée ?
L'Isthme entendait frémir sa pompe de retour.
De sa flûte devant solenniser ce jour,
Cléariste m'invite et, joyeuse, à la fête,
Je la suis, sans prévoir les soins que je m'apprête.
Cruel ! je te revis. Tu semblais, à l'autel,
Un dieu, sous ta couronne, et non pas un mortel.
Je n'entendis plus l'hymne et sa double harmonie.
Je ne vis plus que toi ; j'en étais éblouie,
Et le temple et le lieu me parurent déserts.

(Après une pause.)

Et je t'ai vu partir.

(Elle se lève.)

Pourquoi franchir les mers ?
Vains prétextes, ce zèle et ce projet austère,
Pour être si soudains, me cachent un mystère.
Mes soupçons.. Mais, de l'antre, on monte vers ces lieux,
Et Mycale déjà se présente à mes yeux.

SCÈNE II.

GLAUCIS, MYCALE.

MYCALE.

Oui, jeune fille, on t'a sagement adressée,
Et je prétends d'abord agir sur ta pensée.
  Hypéride est ton père, et de son nom, du tien,
Glaucis, j'ai le secret, car je n'ignore rien.
Pêcheur, sur cette côte, il naquit en Sicile.
Œnarisse, apprenant qu'à cet esclave utile
Le maître avait enfin donné la liberté,
Ta mère à son travail unit sa pauvreté.
Iphiclus, citoyen, méprise ta tendresse.
L'hôte de son aïeul fut ce roi de la Grèce,
Cléomène. Insensée ! à de folles amours,
Comment peux-tu livrer les plus beaux de tes jours?

GLAUCIS.

C'est la faute d'autrui plus encor que la mienne,
Mycale. De plus haut il faut que je reprenne
Le pénible récit d'une longue douleur.
Ton blâme va cesser : tu plaindras mon malheur.
  J'étais encore enfant, lorsque, dans sa demeure,
Cléophon m'accueillit. Là, je vis, de bonne heure,
De ses fils le plus jeune et partageai ses jeux.
Chaque soir, de sa pêche, allant fournir ces lieux,
Mon père m'y menait; mais cette connaissance
A des maux sans espoir allait donner naissance.

Oui, pour deux cœurs liés du même sentiment,
De l'adieu social accourut le moment.
Iphiclus, loin de moi, va dans la noble Athène ;
Là, du brillant Gymnase au Lycée on le mène,
Comme un concitoyen on l'élève et l'instruit.
Bientôt, du sacrifice au théâtre conduit,
Il voit à ses pareils quels siéges on destine.
Moi, les pieds dans la ronce, aux flancs de la colline,
Je conduisais la chèvre, ou, le soir, près des mers,
Réparais les filets par la proie entr'ouverts.
Il revient, dans nos temps de pompe solennelle,
Et reçoit des vainqueurs la couronne immortelle :
« Cléariste, à l'autel, vois, dis-je, c'est bien lui,
» C'est Iphiclus. Je veux en secret, aujourd'hui,
» L'aborder, lui parler et, charmant sa victoire,
» De nos jeux d'autrefois lui retracer l'histoire.
» Fier d'un si beau triomphe et de son rang jaloux,
» Qu'importe ? les dieux même ont aimé parmi nous. »

Ce discours achevé, je m'oppose et résiste
A tout ce que répond la sage Cléariste.
Je cours, avant le soir, retrouver Iphiclus :
Son cœur, déjà, son cœur ne me reconnaît plus.
Longtemps sans m'expliquer, rencontre, obscur langage,
Soupirs même, par moi tout fut mis en usage,
Mycale, et cependant Glaucis dépérissait,
De mon teint, chaque jour, la fraîcheur s'effaçait.
N'importe : de le voir, de l'ouïr empressée,

Je ne pouvais de lui distraire ma pensée.
  Quel jour, lorsque j'appris qu'il désertait ces bords !
Jour cruel et fatal ! impérieux transports !
Je courus, j'arrivai dans un désordre extrême,
Je parlai

MYCALE.

  Dieux !

GLAUCIS.

    Et toi, comprends donc que je l'aime.

MYCALE.

J'excuse ton langage et pardonne à l'amour.
Mais que dit Iphiclus? Instruis-moi, sans détour.

GLAUCIS

« Glaucis, me répond-il, je reverrai l'Attique.
» La sagesse m'appelle aux leçons du Portique.
» Daignent les immortels, d'une fatale erreur,
» Bientôt désabuser ton esprit et ton cœur »
A ces mots qui n'eût dit : « Sa vertu se signale » ?
Quelle amante, à ces mots, eût craint une rivale ?
Pourtant, quand du départ les apprêts s'achevaient,
Plus forts que mes regrets, mes doutes s'élevaient :
« Après un long séjour, si tard aller entendre
« Ces leçons qu'il préfère au penchant le plus tendre !
« Ce lierre, à mes regards déguisé, mais en vain,
« D'un austère voyage est-ce un signe certain ? »
Me disais-je. Il partit. Franchissant l'étendue,
Son rapide vaisseau disparut de ma vue,

Et, seule, je restai livrée à mes ennuis.
Je ne puis demeurer dans le trouble où je suis.
Fuyant l'amour, Mycale, autant qu'il fuit mes larmes,
Il serait moins cruel : je serais sans alarmes.

MYCALE.

Ne pleure point, ma fille. On voit, dans nos malheurs,
Mieux que le ciel encor, l'enfer sécher nos pleurs.
Il peut, dans un moment, changer ta destinée.
Viens : c'est lui qui vers moi t'a sans doute amenée.

(Elle conduit dans l'intérieur de la grotte Glaucis qui a ramassé la toison qu'elle avait posée à terre.)

SCÈNE III.

GLAUCIS, MYCALE, THESTYLIS.

Le théâtre change et représente l'intérieur d'une grotte. Une torche brûle, sur l'un de ses côtés. Au fond de la grotte sont disposés un rideau et les apprêts d'une opération magique. Thestylis est assise près d'un autel grossier, devant ces apprêts et se lève à l'arrivée de Mycale.

MYCALE, continuant de s'adresser à Glaucis qu'elle conduit.

Quel effroi te saisit? Avance dans des lieux,
Où bientôt le succés va répondre à tes vœux.
   (A Thestylis.)
As-tu rangé les sucs, les lauriers et la laine,
Thestylis?

THESTYLIS.

Oui, maîtresse.

MYCALE bas à la même.

Est-on prêt?

(Thestylis répond à l'oreille de Mycale.)

GLAUCIS, avançant sur le théâtre.

Incertaine,

Je ne puis, dans ces lieux, avancer sans effroi.
C'est l'enfer que j'implore, et quel autre que toi
M'y forcerait, ingrat?...
(Elle s'arrête, son attitude peint l'accablement.)

MYCALE bas à Thestylis.

      Oui, j'approuve leur zèle.
Toi, pour aller vers eux, attends que je t'appelle.
(Haut, en allant à Glaucis, après que Thestylis est retournée à son siége.)
Enfin, tu vas revoir celui que tu chéris.
Son image, du moins, va calmer tes esprits.

GLAUCIS.

Ah! si de ses secrets j'avais la connaissance!

MYCALE.

Serait-il chez le Scythe, il est de ma puissance
De voir, dans un cristal, sa conduite et ses traits.
Mais, ma Glaucis, alors que je sers tes souhaits,
Pardonne si ma langue, une fois importune,
Te rappelle qu'âgée, infirme, sans fortune,
Au tombeau je me traine, et d'un art clandestin
Que le salaire seul prolonge mon destin.

GLAUCIS, montrant à Mycale la toison sans la dérouler.

Bien loin de l'oublier, j'ai, dans notre demeure,
Pour toi, de nos toisons mis à part la meilleure.
(La jetant à terre, après l'avoir déroulée, et lui montrant ce qu'elle
contient.)

Ces gâteaux que, d'un miel, recueilli dans les bois,
Cléanthis m'a petri, de ses habiles doigts,
A ce don je les joins.

(A part.)

De mes larmes nourrie,

Est-il encor pour moi des douceurs dans la vie?
(A Mycalé.)
De ce faible salaire il te faut contenter.

MYCALE.

C'est tout ce qu'il t'a plu, Glaucis, de m'apporter?

GLAUCIS.

Et que pourrait de plus t'offrir notre indigence?

MYCALE.

A m'instruire de tout j'ai de la diligence
Et mon art m'avertit d'un joyau précieux
Que ta mère possède et cache à tous les yeux.

GLAUCIS.

C'est sa dot; mes parents ne veulent s'en défaire.

MYCALE.

Il suffit.

(A part.)

C'est sans doute un objet ordinaire.

Celle qui l'entrevit me l'aura trop vanté.

GLAUCIS, détachant son collier.

Que ce corail, des flots par mon père apporté,
Le remplace.

(Elle le lui donne.)

Le ciel ne m'étant plus propice,
J'ai besoin de l'enfer et j'attends ton office.

MYCALE.

Il ne saurait tarder.

(Appelant.)

Thestylis !!

(Bas à Thestylis)

Avant tout ,
Je prétends, à l'amour opposant le dégoût,
Aux charmes du premier rendre un cœur insensible.
Qu'on soit donc prévenu.

(En lui désignant la torche.)

Point de clarté nuisible.

(En s'éloignant de Mycale, Thestylis éteint la torche, en passant, et
disparaît derrière le rideau placé au fond de la scène.)

SCÈNE IV.

GLAUCIS, MYCALE.

MYCALE à Glaucis, d'une voix forte et solennelle.

Glaucis, voici les dieux.

(Elle se recueille un instant, puis étendant la baguette magique, elle
reprend d'un ton grave et accentué.)

Fleuve ardent des enfers !
Triple divinité, dans trois règnes divers,
Hécate ! Dieux puissants qui régnez sur les ombres !
Moins sévères, du fond de vos demeures sombres,
D'une amante plaintive apaisez les tourments.

(Regardant et étendant la baguette vers l'ouverture de la grotte.)

Oiseau mystérieux, sers mes enchantements.

(Thestylis rentre.)

SCÈNE V.

GLAUCIS, MYCALE, THESTYLIS.

THESTYLIS à Mycale.

La table du cristal, maîtresse, est préparée.

MYCALE.

Decouvre-la.

(Thestylis tire le rideau qui, placé au fond de la scène, est censé recouvrir
le cristal magique. Elle obéit successivement à tous les ordres de
Mycale.)

C'est bien. Prends la laine pourprée ;

Que trois nœuds, à l'autel, l'attachent de ta main.
Que les sucs soient mêlés, dans le vase d'airain.
Enflamme ce laurier.

(A Glaucis.)

    Toi, dis à l'instant même,
Mais tout bas : « Montrez-moi, philtres, celui que j'aime.
« Montrez-moi ses vertus ou ses égarements. »

(A part.)

Oiseau mystérieux, sers mes enchantements.

(A Thestylis.)

Thestylis, à présent, sur la branche enflammée,
Répands les sucs.

(A Glaucis.)

    Le charme est vainqueur. La fumée,
Glaucis, va s'écarter, laissant voir à tes yeux
Celui qui, dans ton sein, allume tant de feux.

(Un nuage de fumée qui s'est élevé pendant les derniers vers, se divise
et laisse voir un fond éclairé.)

SCÈNE VI.

GLAUCIS, MYCALE, THESTYLIS, IPHICLUS, vu à travers le

cristal magique.

MYCALE, continuant.

Tu le vois qui s'avance. Observe son visage.
Ce cristal nous transmet sa plus fidèle image,

Sa démarche, son port, ses moindres mouvements.

(A part.)

Oiseau mystérieux, sers mes enchantements.

(Ici, le fond éclairé représente le port de Cenchrée, à Corinthe, enrichi
de plusieurs monuments.)

Mais, c'est Corinthe ! Vois ; reconnais-tu Cenchrée,
Les vaisseaux, l'Odéon, la source révérée,
Neptune agitateur, en bronze, près des flots,
Et la belle Vénus, en marbre de Paros ?

(Redescendant la scène, avec Glaucis.)

Le sage est de retour. Feignant un long voyage,
De Sicyone, au plus, il toucha le rivage.

(Ayant ramené Glaucis au cristal magique.)

D'une attente pénible il compte les moments.

Oiseau mystérieux, sers mes enchantements.
(A Thestylis.)
Thestylis, à l'autel, que cette laine teinte·

Soit, de trois nouveaux nœuds, plus fortement étreinte.

SCÈNE VII.

LES PRÉCÉDENTS, UNE FEMME vue à travers le cristal magique,
élégamment vêtue, et le visage couvert d'un voile.

MYCALE à Glaucis.

Cette femme, Glaucis, te dérobe ses traits ;
Mais, moi, je vois, autant qu'il est en mes souhaits,

Eonice. Elle vint, bergère de Sicile,
S'inscrire courtisane, un jour, dans notre ville,
Et souvent à l'orgie on la voit se livrer.
Voilà ce qu'Iphiclus a pu te préférer.
Mais, sous ce voile, enfin, la honte habite-t-elle ?
Craint-elle, à d'autres yeux, de paraître moins belle ?

(Avec une intention marquée.)

S'il allait, à l'autel , recevoir ses serments ?

(Avec force, en voyant la femme voilée parvenir au premier plan où se
trouve Iphiclus.)

Oiseau mystérieux , sers mes enchantements.

(Montrant Iphiclus qui présente la main à la femme voilée.)

Vois , Glaucis.

(Le tableau s'efface et disparaît.)

SCÈNE VIII.

GLAUCIS , MYCALE , THESTYLIS.

MYCALE à Thestylis , avec énergie.

Qu'à l'instant, l'autre laurier s'allume,
Thestylis , car déjà celui-ci se consume.
Va , ne perds point de temps. Que ton active main
Le livre à ces tisons. Qu'il brunisse et soudain
S'enflamme, en éclatant d'un bruit rauque et terrible,
Et qu'enfin d'Iphiclus le déshonneur visible

Désabuse Glaucis de ses indignes feux.

GLAUCIS à Mycale, d'un ton posé.

D'inutiles horreurs n'assiége plus mes yeux.

MYCALE à Thestylis.

Recouvre le cristal , porte et range le reste.

(Bas, avec satisfaction.)

Tu vois.

(Thestylis remet le rideau en place et sort par un couloir à droite,
emportant les vases destinés à la composition des philtres et la laine
qu'elle a détachée de l'autel.)

SCÈNE IX.

GLAUCIS , MYCALE.

GLAUCIS , à part et regardant l'ouverture de la grotte qui commence
à s'éclairer.)

Le jour s'annonce et l'aube en est funeste.

(A Mycale et du premier ton.)

Veux-tu rendre la paix et la joie à mes jours ,
Mycale? Il faut encor de toi quelques secours.

(Avec véhémence, après avoir vivement entraîné Mycale sur le devant de
la scène.)

Tu sais, comme autrefois, Médée et Périmède,
Mêler, dans un breuvage, un poison sans remède,

Un poison qui, dans l'ombre, aux banquets introduit,
Précipite un mortel dans l'éternelle nuit.
Que dis-je? tu connais la résine infernale
Dont l'ardeur échauffait la couronne fatale
Que Creüse reçut par les fils de Jason.
Que, tout ardent des feux de l'avide poison,
Le perfide... Mycale, il en perdra la vie.
Ah ! ce n'est point à lui, c'est à mon ennemie ,
Qui rit de ma défaite et jouit de mes pleurs,
De payer, en débris, l'excès de mes douleurs.
Mais, encor, c'est vouloir qu'Iphiclus me haïsse.
O vengeance ! ô combats !

(Après une courte pause,)

Laissons vivre Eonice.
Bientôt, ces mêmes dieux , de mon sort attendris,
Lui feront d'Eonice endurer les mépris.
Aux maux que je ressens tu le verras en proie.
Oh ! quelque jour s'il m'aime et qu'un dieu te l'envoie ,
Apprends-lui que ce cœur, si prompt à se donner,
Sans jamais le haïr, n'a pu lui pardonner.
Peins-lui le désespoir où tu me vois livrée.
Dis-lui que dans ce cœur, ma main désespérée...

(Elle tire un poignard.)

MYCALE, la saisissant.

Glaucis !!

GLAUCIS.

Un dieu, Mycale, a condamné mes jours.

MYCALE.

Songe, enfin...

GLAUCIS.

A ton art je n'aurai plus recours.

(Se dégageant.)

Ma mort...

SCÈNE X.

LES PRÉCÉDENTS, IPHICLUS, puis THESTYLIS.

(La rampe se lève d'un degré.)

IPHICLUS s'élançant de derrière le rideau.

Au désespoir quelle fureur t'entraîne ?

(La désarmant.)

Loin de toi cet acier ! ma présence est certaine.
Je romps l'enchantement et viens te secourir.

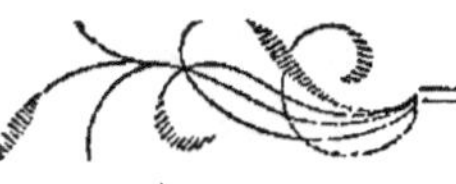

GLAUCIS.

Où suis-je ?

MYCALE.

Quelle nuit !....

(Elle va au fond de la scène s'entretenir, avec Thestylis qui rentre.)

GLAUCIS , pleurant.

Ne pourrai-je mourir ?

(A Iphiclus.)

A l'autel de Vénus va porter ton offrande ,
Va : l'Amour me condamne et l'enfer me demande.

IPHICLUS.

Non , l'Amour te protége, et tout ce charme est vain.
Un autre ici viendra t'expliquer mon dessein.

(Se tournant vers le rideau du fond.)

Eonice ! parais.

SCÈNE XI.

MYCALE et THESTYLIS , dans le fond, GLAUCIS.

IPHICLUS , CLÉARISTE , avec les mêmes habits que sous le nom
d'Eonice. Dès qu'elle paraît Glaucis court à elle et lui arrache son
voile.

(La rampe est levée.)

GLAUCIS.

Ma surprise est extrême.

Cléariste à mes yeux !

CLÉARISTE, avec calme et dignité.

C'est moi, Glaucis, et même,
Vois, pour qu'un fol amour quitte un cœur agité,
Mes soins et d'Iphiclus la générosité.
Crois que de son départ, de mon nom d'Eonice,
De notre ruse enfin, ton père était complice.
Ton cœur de cet amour ne se veut départir ;
Mais l'orgueil, dans Corinthe, est loin d'y consentir (1).

GLAUCIS, regardant Iphiclus avec tendresse.

Mon bien-aimé !

IPHICLUS avec transport.

Glaucis, d'Iphiclus adorée,
Pour cette fois, du moins, n'en sois plus séparée.
Fuyons! Allons, tous deux, par un dieu rassurés,
Chercher, pour notre hymen, quelques bords ignorés.
Partout où tu seras, avec toi, je veux vivre.

GLAUCIS, de même.

Allons, cher Iphiclus ! je suis prête à te suivre.
Mes parents informés avec nous vont partir,
Et je cours...

IPHICLUS, avec un empressement inquiet.

Non, c'est moi qui les veux avertir.

(1) VARIANTE : Vains efforts! ah ! Glaucis, quel délire est le tien !
Mais, songe à ta naissance et qu'il est citoyen.

CLÉARISTE , les arrêtant avec calme.

Ne précipitez rien.

GLAUCIS à Iphiclus.

Ce n'est pas tout encore.
Une pierre de prix, qu'un beau sujet décore ,
Fut la dot de ma mère et j'ai lieu de penser
Qu'apprenant que tu vas jusqu'à moi t'abaisser,
A garder ce joyau mon père t'autorise.
La cire en reproduit la merveille.

IPHICLUS.

O surprise !

CLÉARISTE.

Sa mère !

IPHICLUS à Glaucis.

Et cette dot fut un sceau précieux !
(Aux exclamations d'Iphiclus et de Cléariste , Mycale s'est rapprochée.)

MYCALE (à part.)

C'est le joyau.

IPHICLUS à Glaucis.

Glaucis , parle , explique-toi mieux.

GLAUCIS.

J'en ai déjà trop dit. Je ne saurai plus taire
Ce dont ma mère, un jour, m'a prescrit le mystère.
De son père, en secret, ma mère m'a conté
Qu'il était né de rois, malgré sa pauvreté.
Sans secours, fugitif, errant de plage en plage,
L'Isthme enfin l'abrita, sur son double rivage,
Où de vieillir manœuvre il trouva le moyen.
Sous le nom de Lycus, il déguisait le sien.
Il fuyait de l'Egypte. Ainsi le dit ma mère.

IPHICLUS.

Dieux! qu'entends-je? et sais-tu le nom de cette pierre?

GLAUCIS.

Un onyx.

IPHICLUS.

Oh! dis-moi, d'un legs de parenté
Le père d'Œnarisse aurait-il hérité?

GLAUCIS.

Comme fils.

IPHICLUS (à part).

Si c'était... j'éclaircirai ce doute.
(Aux autres.)
Qu'on s'écarte un moment et qu'on ne nous écoute.

(A Glaucis après que les autres personnages se sont retirés au fond du
théâtre.)

Dépeins-moi cet onyx?

GLAUCIS.

                              Un art industrieux
Y creusa les beautés d'un dessin merveilleux.
D'abord, c'est le soleil, qu'entoure la lumière,
La lune est en regard et, sous elle et son frère,
Sept étoiles sont l'Ourse, au coucher menaçant.
Au-dessous, c'est Bacchus au cortége dansant,
Bacchus assis, du thyrse éloignant tout profane,
Gracieux, comme au jour qu'il plaignit Ariane.
Mais, plus bas, à sa lyre accordant sa chanson,
Est assis un vieillard, qu'on dit Anacréon.
Il est sous une treille, où le pampre l'ombrage.
Une douce gaité règne sur son visage.
Des enfants, près de lui, représentent les Jeux,
Et les Graces, de fleurs, ornent ses blancs cheveux.
L'élycrise, rampant, tout autour, environne
Ce précieux travail, dont il est la couronne.

IPHICLUS.

C'est lui! De l'amitié ce royal monument,
Les dieux nous l'ont, Glaucis, gardé fidèlement.

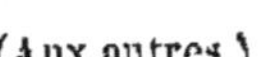
(Aux autres.)

Il est temps : approchez. Sachez que cette pierre,
A cet hôte fameux dont m'entretint mon père,
Au grand roi Cléomène appartint autrefois.
Le jour qu'un prince enfant, au mépris de nos droits,
Des mains de son tuteur, réduisit cette ville,
Sparte, qui repoussa maint effort inutile,
Du sang de ses vainqueurs et du sien tout couvert,
S'appuyant aux parois de son palais désert,
Cléomène voyait la fortune perdue.
Quand il eut du malheur contemplé l'étendue,
Vu les pères des fils partager le trépas,
Et sa garde mourir, mais ne se rendre pas :
« Qu'on se rende, dit-il. En un jour moins funeste,
» Sparte de ses soldats retrouvera le reste.
» On ne la verra point, après de tels exploits,
» Sujette du vainqueur, passer sous d'autres lois. »
Il dit et pour les Grecs il résolut de vivre.
Mon aïeul, Néoclès, le pressa de le suivre,
Et bientôt, dans Corinthe, avec un juste orgueil,
Soldat, il conduisit ce héros à son seuil.
Mais nul ne peut aller contre sa destinée.
A peine s'achevait le cercle d'une année,
Que ce prince en Egypte aventura ses jours,
Espérant pour les Grecs y trouver du secours.
Lui, sa femme, ses fils, tout vint sur le navire.

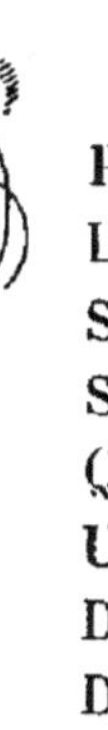

Partant, à Néoclès il remit, sur la cire,
L'empreinte de l'onyx, dont Glaucis m'éclaircit.
Ses malheurs sont connus. Peindrai-je, en ce récit,
Sa mort, celle des siens et l'action si noire
Qui du roi Ptolémée a terni la mémoire?
Un seul de ses enfants, loin du tyran trompé,
Disparut de l'Egypte, au carnage échappé.
De la Grèce, longtemps, il parcourut les îles,
Et mourut, ignoré, dans une de nos villes.
Mon père dit toujours : « Quand pourrai-je trouver
« Son sang qu'en ma faveur, le ciel doit conserver? »
Glaucis, que dira-t-il quand sa petite-fille,
Eprise de son fils, viendra dans sa famille?
Crois-tu que, cette fois, il s'oppose à des nœuds
Qui s'en vont, d'un lien à jamais glorieux,
Dans sa postérité, consacrer la mémoire?
Moi, je veux ton amour; que mon père ait ta gloire !
Reste pour moi, Glaucis, l'épouse de mon choix ;
Mais, pour mon père, enfin, sois la fille des rois.

GLAUCIS.

Après tant de douleurs, dois-je expirer de joie?
    (A Cléariste.)
Ma Cléariste, il faut que toujours je te voie.
Va, de notre bonheur prévenir mes parents.

CLÉARISTE.

Messagère rapide, auprès d'eux je me rends.

    (Elle sort)

SCÈNE XII et dernière.

GLAUCIS, MYCALE, THESTYLIS, seule au fond, IPHICLUS.

MYCALE à Glaucis.

C'est au ciel que tu dois la vie et l'allégresse,
Glaucis. Fuis ces secrets, auxquels dans ma vieillesse,
Me condamne la Faim, ce besoin si cruel.
Je frémis d'y penser. Par un art criminel,
Ma fatale imprudence allait t'ouvrir l'abîme,
Et l'enfer à jamais dérobait sa victime !...

IPHICLUS à Mycale.

Renonce pour toujours à cet art odieux,
Mycale, et, nous suivant, abandonne ces lieux.
Viens avec Thestylis, ta servante fidèle.

(Thestylis vient se ranger auprès de Mycale)

Ne crois pas qu'Iphiclus, méconnaissant ton zèle,
Vous laisse, toutes deux, sans ressources périr.
Grâces au ciel ! ces mains ont de quoi vous nourrir.

MYCALE avec transport.)

Restez, dieux souterrains, dans votre noir domaine !
Le fils de Cléophon, vers le ciel, me ramène.
Dieux, habitants du ciel, rendez ses jours heureux,
Et ne rejetez point ma prière et mes vœux !

IPHICLUS.

Ceux-là sont bienfaisants. Heureux qui les implore !

GLAUCIS.

Iphiclus, après eux, mérite qu'on l'adore.
   Gardons-nous toutefois, éprouvant leur bonté,
De négliger ces dieux, dans la prospérité.
Allons tous, gravissons la première colline.
Le temple de l'Amour, sur les mers, y domine.
Des bienfaits que, sur nous, il prodigue en ce jour,
Allons, à son autel, rendre grâce à l'Amour.

FIN.

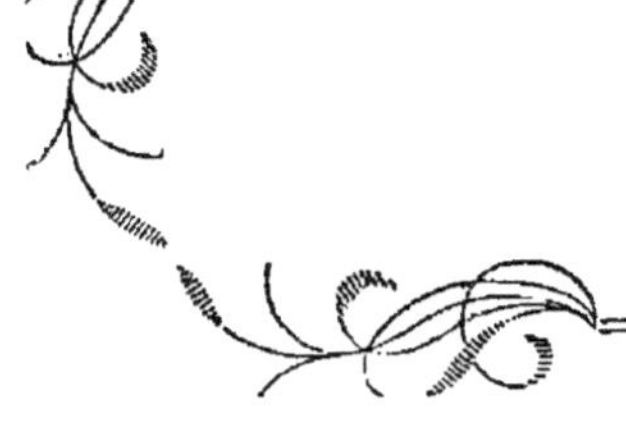